COMPRENDRE
LA PHILOSOPHIE

CLAUDE LE MANCHEC

Gilles Deleuze

Étude de la pensée

© Comprendre la philosophie.

1 rue Honoré - 93500 Pantin.

ISBN 978-2-7593-1421-8

Dépôt légal : Février 2022

Impression Books on Demand GmbH

In de Tarpen 42

22848 Norderstedt, Allemagne

SOMMAIRE

INTRODUCTION

La pensée de Gilles Deleuze se situe au carrefour de plusieurs disciplines : la philosophie (il consacre d'abord plusieurs essais à des figures mal comprises comme Henri Bergson ou Friedrich Nietzsche), mais aussi la critique littéraire et l'esthétique. Plusieurs de ses essais sont centrés sur des concepts originaux forgés à partir de la formulation de problèmes philosophiques inédits : différence et répétition (1968), sens et événement (*Logique du sens*, 1969), désir et pouvoir (*L'anti-Œdipe*, 1972 ; *Mille plateaux*, 1980). Une grande part de sa pensée consiste à faire servir les notions et les outils de la psychiatrie à la compréhension du monde (et non plus des seuls « délirants ») tout en s'efforçant de rendre compte du système capitaliste. Deleuze et son ami Guattari sont à l'origine d'un vocabulaire philosophique nouveau : déterritorialisation, rhizome, agencement, pli, événement, immanence... qu'il serait maladroit d'isoler. Cette pensée philosophique en effet traverse les domaines de la philosophie, de la psychiatrie, de l'art et de la littérature en offrant une relecture radicale de la psychanalyse.

BIOGRAPHIE DE
GILLES DELEUZE

Gilles Deleuze est né en 1925. Il fait ses études secondaires au lycée Carnot, à Paris.

En 1944, il suit un cursus de philosophie la Sorbonne en 1944 et passe l'agrégation en 1948.

Par la suite, il occupe divers postes d'enseignement en lycée (Amiens, Lyon, Paris).

En 1969, il soutient sa thèse intitulée *Différence et répétition* et devient professeur à l'université expérimentale de Paris VIII-Vincennes, où il donnera des cours jusqu'à sa retraite, en 1987. Ainsi parole et écriture s'entrelacent.

Il meurt en 1995 à Paris.

ANALYSE DE
SA PENSÉE

Les premiers essais : des livres de référence sur de grands philosophes

Les premiers livres de Deleuze sont des ouvrages d'histoire de la philosophie qui lui permettent d'acquérir une grande renommée parmi ses pairs. Il étudie en effet des philosophes considérés à son époque comme mineurs par la tradition universitaire, et il remet en lumière des courants de pensée souvent négligés. Il publie ainsi des études sur Spinoza (*Spinoza et le problème de l'expression*, 1968), Leibniz (*Le Pli. Leibniz et le baroque*, 1988), Hume (*Empirisme et subjectivité*, 1953), Nietzsche (*Nietzsche et la philosophie*, 1962), Bergson (*Le Bergsonisme*, 1966), et sur son ami Foucault (1986). Il est significatif que plusieurs de ces auteurs aient pour point commun de s'opposer au rationalisme qui domine la philosophie et d'être négligés par le hégélianisme alors tout-puissant. Deleuze publie également un livre sur Kant (*La Philosophie de Kant*, 1963).

Le tournant de mai 68 et la redéfinition du désir

Deleuze appartient à un groupe d'auteurs et de penseurs qui refusent la définition classique du désir associée à l'idée d'une chose manquante. Corrigeant le freudisme, le philosophe souligne dans *L'Anti-Œdipe* (1972) et *Mille plateaux* (1980) que loin d'être une représentation créée par un vide, le désir doit se concevoir comme une réalité pleine, une « *machine* » à produire. Le désir n'est pas un manque : il est investissement immédiat de la réalité sociale. Contre le sens commun (qui pose une opposition entre désir et plaisir), Deleuze pense que désirer ce n'est pas éprouver l'absence de quelque chose mais déjà mettre en œuvre les moyens de combler ce manque, ou, comme le dit Platon dans *Le Banquet*, le désir est fils de Pénia (pénurie) et de Poros (expédient). Deleuze s'oppose à Freud qui pense lui le désir à partir de la castration. Pour le philosophe, le rapport du désir au social permet de comprendre comment les formations sociales elles-mêmes font entrer le manque dans le désir.

Influencé par les courants opposés à la psychiatrie et à la psychanalyse établies, il propose avec Félix Guattari une « psychiatrie matérialiste » qui part du principe que l'œdipe, loin d'être la cause universelle rendant compte en dernière analyse du cours de la civilisation (v. *Malaise dans la civilisation* de Freud), n'est au contraire qu'un produit du développement du capitalisme : « Ce n'est pas par un flux de merde ou un flot d'inceste qu'œdipe arrive, affirment-ils, mais par les flux décodés du capital-argent [...] Tout se retrouve dans l'œdipe qui est bien le résultat de l'histoire universelle, mais au sens singulier où l'est déjà le capitalisme. » Le social est premier par rapport à l'œdipe et ne saurait s'y réduire. De même que la psychanalyse s'efforce de se constituer comme science, le capitalisme ne cesse de revêtir l'apparence d'une nécessité mathématisable.

C'est cette réalité qu'il faut dénoncer. Deleuze et Guattari récusent le caractère indépassable de l'œdipe et de la cellule familiale à l'instar de certains féministes très actifs aux alentours de mai 68. Par ailleurs, Deleuze est particulièrement attentif à la question coloniale et à ses conséquences sur nos modes de pensée.

Comment décrire le désir ?

Mais comment décrire la vie du désir ? Comment l'appréhender ? Le concept de « machine désirante » est la catégorie fondamentale de l'économie du désir selon Deleuze. Cette machine qui produit par elle-même un corps sans organes (le corps sans organe est la substance immanente où le désir ne cesse de se tramer à travers de nouvelles connexions) a une vie qui ne se laisse appréhender qu'à la condition de rester en deçà des entités constituées : organisme, personne avec son identité ou objets.

Deleuze propose de renouveler sur cette base la théorie de l'inconscient. Dans ce but, il montre que les machines désirantes mettent en œuvre trois synthèses : une synthèse connective, c'est-à-dire le couplage entre deux éléments fragmentaires et hétérogènes (par exemple, un flux de lait et une bouche qui opère un prélèvement sur ce flux) ; une synthèse conjonctive, c'est-à-dire une mise en relation d'éléments disparates entre lesquels le désir circule ; une synthèse disjonctive, c'est-à-dire la genèse de zones d'intensité. Ces trois synthèses sont simultanées et contribuent à former un agencement. Mais le corps sans organe ne cesse de s'opposer au fonctionnement des machines désirantes, les repousse, devenant surface où coule une énergie non liée, en cela modèle de la mort qui ne cesse de monter à l'intérieur du corps.

« Le devenir est le processus du désir » (Mille plateaux)

Dans les connexions, une ligne se dessine partant d'un point singulier arraché à une multiplicité. Elle conduit au voisinage d'un autre point singulier à partir duquel elle reprend son mouvement. Une série s'organise qui nous conduit toujours plus loin dans un processus de déterritorialisation. Etudiant des écrivains comme Marcel Proust (*Proust et les signes*, 1964), Lewis Carroll (*Logique du sens*, 1969), Franz Kafka (*Franz Kafka. Pour une littérature mineure*, 1975) ou Samuel Beckett (*Quad*, postface, 1992), Deleuze souligne qu'un devenir-animal emporte les hommes, les ouvre à la possibilité de produire du nouveau dans un acte créateur. Dans leur ouvrage sur Kafka (*Kafka. Pour une littérature mineure*, Paris, éd. de Minuit, 1975), Gilles Deleuze et Félix Guattari entrelacent plusieurs approches, philosophique, psychanalytique, linguistique, en utilisant un langage volontairement nouveau, en rupture avec les concepts habituellement utilisés par les commentateurs de l'œuvre de Kafka, dans le but de répondre justement à la nouveauté radicale de ses textes qui énoncent les conditions de la « littérature mineure ». L'œuvre, aux entrées multiples, est définie comme une « machine d'écriture » dans laquelle l'énonciation vient se confondre avec le désir. Cette machine possède trois composantes essentielles : les « lettres-vampires », les « nouvelles animalières », les « romans », et ces composantes d'expression sont perpétuellement en communication entre elles, souvent interrompues et pouvant passer sans cesse de l'une vers l'autre. Récusant les « tristes interprétations œdipiennes » de cette œuvre multiple, les auteurs affirment que Kafka agrandit, « grossit Œdipe », en fait un usage pervers et ainsi sort de la soumission (« redresse la tête »). Il ouvre l'impasse, trouve des « lignes de fuite », « déterritorialise Œdipe dans le monde » et cet agrandissement est comique : « Le triangle familial trop bien formé n'est qu'un conducteur pour des investissements d'une tout autre nature » (p. 21). Parmi ces lignes de fuite, une place importante de l'essai est consacré au devenir-animal (ou à l'animal comme devenir).

La deuxième partie de l'ouvrage se concentre sur « l'expression qui donne le procédé » (p. 29). Or, chez Kafka, le problème de l'expression est posé non de façon abstraite mais en rapport avec les littératures mineures, par exemple la littérature juive de Prague qui possède trois caractéristiques : la langue y est affectée d'un fort coefficient de déterritorialisation ; tout y est politique (chaque affaire individuelle est « branchée » sur la politique) ; tout y prend une valeur collective et même révolutionnaire. Il se trouve que les « traits de pauvreté » d'une langue se retrouvent chez Kafka mais ils sont pris dans un usage créateur : « Ils sont au service d'une nouvelle sobriété, d'une nouvelle expressivité, d'une nouvelle flexibilité, d'une nouvelle intensité. » (p. 42). Kafka va toujours plus loin en intensité dans le sens d'une simplicité assumée, « d'une correction inouïe, d'une rectification incroyable. » Sa langue est donc incompréhensible sans connaissance du contexte socio-politico-historique qui l'amènera par exemple à prononcer en 1920 un « Discours sur la langue yiddish » où il défendra l'idée paradoxale d'une « langue riche ordinaire ».

Les devenirs-animaux présents chez Kafka notamment sont d'une autre puissance puisqu'ils n'ont pas leur réalité dans l'animal qu'on imiterait ou auquel on correspondrait, mais en eux-mêmes, dans ce qui nous fait devenir un voisinage avec l'animal qui extrait de lui quelque chose de commun plus qu'une imitation. Ces devenirs concernent aussi le riche domaine des affects. En effet dans le mouvement de déterritorialisation, des intensités sont produites. Le sujet passe par elles. Il éprouve ou non une augmentation ou une diminution de sa puissance d'agir.

Pour Deleuze, le futur doit être pensé à partir de l'acte de création : il est le temps par excellence de la pensée. C'est dans cette perspective que Deleuze et Guattari utilise le mot « rhizome » Celui-ci est à entendre d'abord comme un concept alternatif à celui de structure, permettant de penser la logique d'organisation et de transformation de la société ; il renvoie ensuite à un mode d'interrelations décentralisé : « A la différence des arbres ou de leurs racines, le rhizome connecte un point quelconque avec un autre point quelconque, et chacun de ses traits ne renvoie pas nécessairement à des traits de même nature, il met en jeu des régimes de signes très différents et même des états de non-signes. Le rhizome ne se laisse ramener ni à l'Un ni au multiple. Il n'est pas l'Un qui devient deux, ni même qui deviendrait directement trois, quatre ou cinq, etc. il n'est pas un multiple qui dérive de l'Un, ni auquel l'Un s'ajouterait (n + 1). Il n'est pas fait d'unités, mais de dimensions, ou plutôt de directions mouvantes. Il n'a pas de commencement ni de fin, mais toujours un milieu, par lequel il pousse et déborde. il constitue des multiplicités linéaires à n dimensions, sans sujet ni objet, étalables sur un plan de consistance, et dont l'Un est toujours soustrait (n - 1). Une telle multiplicité ne varie pas ses dimensions sans changer de nature en elle-même et se métamorphoser. A l'opposé d'une structure qui se définit par un ensemble de points et de positions, de rapports binaires entre ces points et de relations biunivoques entre ces positions, le rhizome n'est fait que de lignes : lignes de segmentarité, de stratification, comme dimensions, mais aussi ligne de fuite ou de déterritorialisation comme dimension maximale d'après laquelle, en la suivant, la multiplicité se métamorphose en changeant de nature. On ne confondra pas de telles lignes, ou linéaments, avec les lignées de type arborescent, qui sont seulement des liaisons localisables entre points et positions. A l'opposé de l'arbre, le rhizome n'est pas un objet de reproduction : ni reproduction externe comme l'arbre-image, ni reproduction interne comme la structure-arbre. Le rhizome est une anti-généalogie. C'est une mémoire courte, ou une anti-mémoire. Le rhizome procède par variations, expansion, conquête, capture, piqûre. A l'opposé du graphisme, du dessin ou de la photo, à l'opposé des claques, le rhizome se rapporte à une carte qui doit être produite, construite, toujours démontable, connectable, renversable, modifiable, à entrées et sorties multiples, avec ses lignes de fuite. Ce sont les calques qu'il faut reporter sur les cartes et non l'inverse. Contre les systèmes centrés (même poly-centrés), à communication hiérarchique et liaisons préé-tablies, le rhizome est un système a-centré, non hiérarchique et non signifiant, sans Général, sans mémoire organisatrice ou automate central, uniquement défini par une circulation d'états. Ce qui est en question dans le rhizome, c'est un rap-port avec la sexualité, mais aussi avec l'animal, avec le végé-tal, avec le monde, avec la politique, avec le livre, avec les choses de la nature et de l'artifice, tout différent du rapport arborescent : toutes sortes de "devenirs". Un plateau est tou-jours au milieu, ni début ni fin. » (*Rhizome*) L'arbre est une image mentale très présente, à grande valeur symbolique : un tronc est ancré dans le sol par un système de racines. Mais, il faut sortir du système de l'arbre unique et centralisateur, en imaginant un système autre : le rhizome dont les principes seraient la connexion : « N'importe quel point d'un rhizome peut être connecté avec n'importe quel autre, et doit l'être » ; l'hétérogénéité : chaque élément du rhizome ne renvoie pas nécessairement à un élément de même nature ; la multipli-cité : il n'existe pas d'unité qui serve de pivot ou qui divise ; la rupture : « Un rhizome peut être rompu, brisé en un endroit quelconque, il reprend suivant telle ou telle de ses lignes et suivant d'autres lignes. » ; la cartographie et décalcomanie : à l'inverse de la logique du calque et de la reproduction, le rhizome est de l'ordre de la carte qui est une interprétation et une expérimentation en prise sur le réel ; qui contribue à la connexion des éléments et dans cette optique, elle fait dès lors elle-même partie du rhizome. Le rhizome s'oppose aux « arborescences », conteste le principe d'autorité centralisée. Il s'apparente plutôt aux systèmes a-centrés.

CONCLUSION

Le futur est l'inconditionné ; il rejette ces conditions qui proviennent de ses relations avec le présent et le passé une fois produites. L'absence de soumission aux données temporelles c'est-à-dire aux contenus empiriques du temps est ici fondamentale. La création est surgissement d'un événement, ouverture, fulgurance, arrachement à soi. La pensée ne relève pas d'un exercice naturel dans la forme d'un bon sens ou d'un sens commun mais elle suppose une véritable création : penser, c'est créer, engendrer. La pensée de Gilles Deleuze offre ainsi des perspectives radicalement nouvelles sur le processus créatif tel qu'il s'incarne notamment dans l'écriture littéraire et l'art : peinture (*Francis Bacon, logique de la sensation*, 1981) ou cinéma (*L'Image-mouvement*, 1983 ; *L'Image-temps*, 1985).

Le devenir deleuzien accueille l'événement, l'intempestif, « un autre nom pour le devenir, écrit-il, l'innocence du devenir (c'est-à-dire l'oubli contre la mémoire, la géographie contre l'histoire, le rhizome contre l'arborescence ». Le devenir est condition de la nouveauté. Deleuze promeut un sujet qui est, comme chez Bergson, disponible à la contingence, à la créativité.

PRINCIPAUX
OUVRAGES

Empirisme et subjectivité. Essai sur la nature humaine selon Hume, Paris, Presses Universitaires de France, 1953.

Nietzsche et la philosophie, Paris, Presses Universitaires de France, 1962.

La Philosophie critique de Kant, Paris, Presses Universitaires de France, 1963.

Proust et les signes, Paris, Presses Universitaires de France, 1964.

Nietzsche, Paris, Presses Universitaires de France, 1965.

Le Bergsonisme, Paris, Presses Universitaires de France, 1966.

Présentation de Sacher-Masoch : La Vénus à la fourrure., Paris, Éd. de Minuit, 1967.

Spinoza et le problème de l'expression, Paris, Les éditions de Minuit, coll. « Arguments », 1968.

Différence et répétition, Paris, Presses Universitaires de France, 1968.

Logique du sens, Paris, Les éditions de Minuit (coll. « Critique »), 1969.

L'Anti-Œdipe – Capitalisme et schizophrénie, en collaboration avec Félix Guattari, Paris, Les éditions de Minuit (coll. « Critique »), 1972.

Kafka. Pour une littérature mineure, en collaboration avec Félix Guattari, Paris, Les éditions de Minuit (coll. « Critique »), 1975.

Rhizome, en collaboration avec Félix Guattari. Paris, Les éditions de Minuit, 1976 (Repris dans Mille-Plateaux).

Dialogues avec Claire Parnet. Paris, Flammarion, 1977 ; 2e éd. 1996, coll. « Champs » (contient une annexe sur *L'Actuel et le virtuel*)

Superpositions, en collaboration avec Carmelo Bene. Paris, Les éditions de Minuit, 1979.

Mille Plateaux – Capitalisme et schizophrénie 2, en collaboration avec Félix Guattari, Paris, Les éditions de Minuit (coll. « Critique »), 1980.

Spinoza – Philosophie pratique, Paris, Les éditions de Minuit, Paris, 1981.

Logique de la sensation, 2 tomes, Paris, éd. de la Différence, 1981 ; réédité sous le titre *Francis*.

Bacon : logique de la sensation. Paris, Editions du Seuil, coll. « L'ordre philosophique », 2002.

L'Image-mouvement. Cinéma 1, Paris, Les éditions de Minuit, coll. « Critique », 1983.

L'Image-temps. Cinéma 2, Paris, Les éditions de Minuit, coll. « Critique », Paris, 1985.

Foucault, Paris, Les éditions de Minuit, coll. « Critique », 1986.

Le Pli. Leibniz et le baroque, Paris, Les éditions de Minuit, coll. « Critique », 1988.

Pourparlers 1972-1990, Paris, Les éditions de Minuit, 1990.

Qu'est-ce que la philosophie ?, en collaboration avec Félix Guattari, Paris, Les éditions de Minuit, coll. « Critique », 1991.

« L'Épuisé », postface à *Quad*, de Samuel Beckett. Paris, Les éditions de Minuit, 1992.

Critique et clinique, Paris, Les éditions de Minuit, coll. « paradoxe », 1993.

Quelques commentaires

Martin (Jean-Clet), *La Philosophie de Gilles Deleuze*, Paris, Payot, 2005.

Martin (Jean-Clet), *Deleuze*, Paris, L'Eclat, 2013.

Sauvagnargues (Anne), *Deleuze et l'art*, Paris, PUF, coll. « Lignes d'art », 2005.

Villani (Arnaud), *La Guêpe et l'orchidée : essai sur Gilles Deleuze*, Paris, Belin, 1999.

LA CITATION

Deleuze lu par Jean-Clet Martin

« Il arrive souvent à Deleuze de critiquer l'imagination quand par imagination on se contente d'entendre un processus irréel (l'imaginaire). Mais quand les images se montrent investies par les puissances de la vie, elles deviennent des machines à contempler l'univers. Un écrivain ne présente pas la même forme d'imagination qu'un philosophe, même s'il lui arrive évidemment de se comporter en philosophe et de trouver dans un concept des ressources narratives. L'univers de Leibniz réalise une image et un mouvement qui sont le propre du concept et non pas du cinéma ou de la littérature. Il invente ce faisant un nouveau mot pour le qualifier : le mot *Monadologie*. On n'est philosophe que pour avoir produit cette contrée merveilleuse qui donne à la pensée sa nouvelle image. Ce serait là un critère tout à fait pertinent pour parler du philosophe et pour le distinguer de l'historien de la philosophie qui ne répète que les concepts sans comprendre le dynamisme de l'image, déployée en un processus d'invention extraordinaire. Il s'agit à chaque fois d'une machine susceptible d'éveiller dans la pensée l'image qui se stabilise – et nous contraint à voir avec des yeux neufs. C'est en ce sens que, "rejeté en pleine mer" sous l'exercice de sa critique égarée, le philosophe en revient, comme dit Deleuze, "les yeux rouges" quand les concepts sont devenus inséparables d'une vision forcenée nommée "animation du concept". Seule une philosophie visionnaire pourra créer des notions dignes de relancer les données de la vie, même à supposer à partir de là des fictions qui soient propres aux philosophes. » (*Deleuze*)

DANS LA MÊME COLLECTION
(par ordre alphabétique)

- **Claude Le Manchec**, *Lucrèce*
- **Claude Le Manchec**, *Machiavel*
- **Claude Le Manchec**, *Malebranche*
- **Claude Le Manchec**, *Marc Aurèle*
- **Claude Le Manchec**, *Marx*
- **Claude Le Manchec**, *Montaigne*
- **Claude Le Manchec**, *Montesquieu*
- **Claude Le Manchec**, *Nietzsche*
- **Claude Le Manchec**, *Pascal*
- **Claude Le Manchec**, *Platon*
- **Claude Le Manchec**, *Plotin*
- **Claude Le Manchec**, *Rousseau*
- **Claude Le Manchec**, *Russell*
- **Claude Le Manchec**, *Saint Augustin*
- **Claude Le Manchec**, *Saint Thomas*
- **Claude Le Manchec**, *Sartre*
- **Claude Le Manchec**, *Schopenhauer*
- **Claude Le Manchec**, *Sénèque*
- **Claude Le Manchec**, *Spinoza*
- **Claude Le Manchec**, *Tocqueville*
- **Claude Le Manchec**, *Wittgenstein*